AF561706

Luonnon sylissä

Topeliuksen lastenrunoja

Luonnon sylissä, Topeliuksen lastenrunoja

Toimittanut ***Tuula Pere***
Taitto ja ulkoasu ***Peter Stone***
Kansikuva ***Väinö Blomstedt, Lukemisia lapsille I***

ISBN 978-952-357-815-9 (kovakantinen)
ISBN 978-952-357-816-6 (pehmeäkantinen)
ISBN 978-952-357-817-3 (ePub)
Ensimmäinen painos

Kustantaja Wickwick Oy
2022, Helsinki

Luonnon sylissä

Topeliuksen lastenrunoja

Toimittanut Tuula Pere

SISÄLLYS

ALKUSANAT

Runot ovat tärkeä osa Zachris Topeliuksen (1818—1898) lastenkirjallisuutta. Suomen kansan satusedän aihepiirit vaihtelevat hänelle ominaisella tavalla lapsen elämän pienistä ja suurista kokemuksista maailmoja syleileviin tuntemuksiin.

Topelius säilytti koko ikänsä yhteyden lapsenomaiseen mielikuvitusmaailmaan. Hänen antautuessaan sadun ja runon matkaan rajat tavallisen arjen ja yliluonnollisen maailman välillä katosivat. Kirjailijan tarjoamat sisällöt kehittyivät elämän matkalla yhä syvemmiksi ja merkityksellisemmiksi.

Lapsen mahdollisuus oppia uutta ja kasvaa aikanaan kantamaan omaa vastuutaan maailmassa – erityisesti isänmaan hyväksi ja Luojan kunniaksi – olivat lempeästi mutta lujasti esillä Topeliuksen tuotannossa. Hänen ainutlaatuinen luontoyhteytensä on myös vahvasti läsnä.

Tähän kirjakokoelmaan on koottu Topeliuksen lastenrunoja, sellaisina kuin ne on julkaistu Lukemisia lapsille -kirjasarjassa (osat I–VIII) vuosina 1927–1930. Myös kuvituksena on käytetty kirjojen suomalaisten ja ruotsalaisten taiteilijoiden töitä.

Topeliuksen lastenrunoja -kokoelmaan kuuluvien kirjojen nimistä käy ilmi kussakin osassa painottuva aihepiiri.

Luonnon sylissä
Lapsen askelin
Elämää oppimassa
Vuodenkierto
Joulun aikaan

Antoisia lukuhetkiä kaikille Topeliuksen ystäville!

Porkkalanniemellä, 10.9.2022

Tuula Pere
OTT, lastenkirjailija
Topelius-seura ry:n puheenjohtaja

VALKEILLE KIRSIKANKUKILLE.

Vielä linnunlaulu soi,
Suomen hongat huminoi,
vielä kankaan kanervaa
tuuli hiljaa tuudittaa.
Kylvetään,
niitetään,
tarinoidaan, leikitään;
kosken laulu ikuinen
soi vain yli kaiken sen.

Poika hattua nostaa vain,
kerran sous hän polvellain;
tyttö, suuri neiti nyt,
piennä on mua syleillyt.
Askeleet
on muuttuneet,
elontiet on eronneet,
kirsikka ei muistakaan
enää valkokukkaistaan.

Kevään tullen runko tuo
jälleen uudet ummut luo,
silloin niiden kukkaset
taas on yhtä valkoiset.
Suvisuus,
viattomuus
polvi polvelt' ain on uus,
niinkuin sadun ruusumaa
vuoret, laaksot rusoittaa.

Ah, jos aamukaste noin,
kirkas sekä tahratoin,
pisaroisi virvoittain
yli kukkain valkeain;
vapahat
soinnelmat,
mantel'sateet mehuisat,
totuus silkkihameissaan;
päivä lapsen maailmaan!

Ei saa elon syksysää
kevään rintaan hengittää!
Ellös tuule hyydyttäin
yli kumpuin lempeäin!
Taivas,
suo valovuo,
jota lehdet vienot juo!
Suo'os itää siemenen
rakkaudessa Kristuksen!

Voi, ken harhaan lapsen vie,
Jonk' on oma taivaan tie!
Luoja kevääs hoitaa voi,
ystävät ei vartioi.
Lehtyet
valkoiset,
kirsimarjan kukkaset,
punamarjoiks kasvakaa,
sulostakaa taivas, maa!

KEVÄTPÄIVÄ SUOMENLAHDELLA.

Oi, Suomenlahti siintävä,
niin vilkas oot ja kaunis sä,
kun hohdat sadoin purjein!
Niin kolkkona sun äsken näin,
kun pakkanen sun peitti jäin;
veet kahleissaan
ne uinui vaan,
ja Ahti vietti talveaan.

Niin vapaa oot ja uljas nyt,
on vankeutes päättynyt,
ja lainees riemuin laulaa.
Taas lokit leijaa, pinnallas
ui haahkat, loistaa majakkas.
Vie sauhuten
tie laivojen
ja tuoksuu kevättuulonen.

Nyt kimmeltelee sinivyö,
veet Viron hiekkarantaa lyö
ja Suomen kallioita.
Viet rautalaivaa Kronstatin
ja pojan kaarnapurttakin
ja karkeloin
suuss' aamukoin
käyt kohti valtamerta noin.

Soi, tuuli, soi! Veet, tyrskyilkää!
Käy korkeana, kuohupää,
tuo uljaat aatteet mieleen!
Pois velttous huuhdo suolallas,
luo rintaan lujuus tarmokas,
ja sieluain
nyt raitistain,
tuo toivoa ja voimaa vain!

Oot, meri uljas, meidän oi!
Niin meille, meille Herra soi
sun Suomen lipun tieksi.
Kun väylääs kulkee liehuen
tuo lippu sinivalkoinen,
sitä tervehtäin
käyt vaahtipäin
ja Suomen värit näytät näin!

Acke.

SINIAALTO KERTOO IMATRASTA.

Ken on Saimaalla nähnyt äikettä ehtoon,
kun aurinko vaipuu jo aaltojen kehtoon,
ja kun aamu jo herää ja kaikkoo yö,
miten kullassa kiiltävi kunnaiden vyö?

Ken uskois sen ulapan tyynen ja aavan
joen varrella kiehuvan vimman jo saavan
ja kaskena kuohuvan hyrskypäin?
Sitä yötä en unhota, jolloin sen näin.

Suviyössä mä uin Nevan suostoja kohti,
siell' loistivat linnat, ja lyhdyt ne hohti.
Jätin keisarikaupungin juhlivan taa,
mua Laatokan aallot jo huuhtoa saa.

Niin portista Vuoksen sen väylihin sousin,
kera lohien uljaasti koskia nousin;
jymyn, pauhinan kuulin ma kaukaapäin,
kunis äkkiä Imatran eessäni näin.

Vedenneitoset, siskoni suloiset, pienot,
joita tuuditti Saimaalta lainehet vienot,
tuli uiden nyt vastaani, vaipuen niin
veririnnoin mun helmaani tainnoksiin.

»Oi, siskoni, miksi on kalpea poski?
Miten rauhasta teidät on temmannut koski?»
»Voi, me jouduimme valtahan viettelijän;
polot pyörteiden kuiluhun houkutti hän!

Kun me kylvimme partaalla nurmikon nuoren,
tuli, suuteli kättämme haltia vuoren:
'Tule pois, ole mun, jätä kaihoisat maat!
Jalohelmien kiillossa keikkua saat.'

Ja se houkutus mielemme haaveilla täytti,
elo helmien kiillossa hauskalta näytti.
Pois meidät hän vei, ja jo luisuva tie
tuli pyörteitten hurjain ja kuiluhun vie.

Alas luisuimme, luisuimme henkemme hinnoin,
vain verkkahan ensin ja leikkivin rinnoin,
kunis äkkiä painuimme pyörteeseen
ja me suistuimme nieluhun hyrskivän veen.

Miten kaduimme silloin mieltämme huimaa,
oli myöhä jo väistyä tyrskyä tuimaa,
ja kun äänemme taivohon huutanut ois,
kiviseinämän kylkeen se haipui pois.

Oi, onnekas siskomme, takaisin palaa,
kotilahdesta ällös sä kauaksi halaa,
toki meitä sä muista, jos mielesi lie
kodin tyynestä tyrskyyn – se Imatraan vie!»

Noin aallot ne itkivät murheensa mulle.
Ja ma viihdytin: »Ettekö kanssani tulle?
Isä taivahan tietävi teillekin tien,
hänen armonsa mereen nyt teidät mä vien.»

– Peto ahmiva vielä on Imatran vuossa,
moni katsovi ihmein sen voimaa tuossa.
Mut sa näit: – teki synkeän kauniiks sen
epätoivoiset kyynelet Vellamojen!

HELMI.

(SINIAALTO KERTOO.)

Kuka nähnyt on koskeni Pohjolan puolla
kesäiltana Kajaanin seuduilla tuolla,
lohen loisketta kirmassa kuohuvan veen
sekä rannalla onkijan siimoineen?

Kuni kultaa on koski, ja pilvet ne hohtaa,
kun aurinko taivahan rannan jo kohtaa;
yön usta ei aukovan vielä se näy,
kun jo nousee ja säihkyy ja eelleen käy.

Maat ääneti silmäävät auringon terää.
Vait taivasta ylistäin luonto herää.
Mut tuhannet linnut jo laulavat, oi!
Suviaamun kunniaks riemu se soi.

Joell' Ivalon näin, miten soraa ja multaa
haki kauhaansa miehet ja huuhtoivat kultaa.
Vilu vaivas ja nälkä ja armoton työ,
ja kuin kontiot luolissa maattiin yö.

Eräs poikanen siellä myös mullassa möyhää,
ja hän rakastaa Inarin tyttöä köyhää,
Hän kaivaa ja kärsii, mut aarteit' ei saa,
— ei voi hän nyt kotia perustaa!

Joen pohjalla simpukka myös oli siellä,
ruma rohjelo vain sekä kaikkien tiellä,
ja he potkivat luotaan sen hylkien;
mut Inarin poialle heitin mä sen.

Ja hän naurahti: »Kehnopa lahja on suomas.»
»Hae, katso!» ma kuiskin. Hän katsoi ja huomas,
— mitä luulet — kun aukaisi simpukan tän,
näki Ivalon kauneimman helmen hän.

Pian valmis on tupa ja huhtana rinne,
jo nouti hän tyttönsä köyhän sinne,
Ja nyt heillä on laiteella tunturin
poroliuta ja lammas ja lehmäkin.

Mut poikapa virkki, ja uskon sen vakaan:
»Kodin pohjana kulta ei kestä, sen takaan.»
Kodin perus on rakkaus, usko ja työ,
ilot puhtaat sen ihanin helmivyö.

Acke.

KOIVUJEN ALLA.

Alla koivujen nään
kotikartanon tään.
Elon tyynellä miellä
vietämme siellä
ja kynnämme riemuissa keväisen sään.
Päin kotirantaa,
sen kultaista santaa,
aallot ne kantaa
laulunsa harjalle lakkapään.

Alla koivujen vyön,
kun ma leikkiä lyön,
oma äitini silloin
istuvi illoin
ja laulavi kiitosta taivahan työn.
Lehvät ne luovat
varjojen juovat,
siimestä suovat:
nyökkivät Ahdille hohteessa yön.

Kotikoivujen luo
tuli pieno jo tuo:
siro laulaja hiipi
siukuvasiipi,
ja soittonsa taas se jo helkkyä suo.
Illalla vienot,
tuoksut jo hienot
täyttävät tienot,
raikasta kastetta kukkaset juo.

Kotikoivikostain,
jossa leikkiä sain
en mä erota saata.
Syntymämaata
se lehvillä koristaa suvisin öin.
Siimessä tuolla
riemuita, huolla,
elää ja kuolla
koivujen varjossa tahdonkin vain.

Ma kuljin kotihaassa
vait kylän vieremää,
ja talvi oli maassa
ja yllä pilvisää,
Niin kuulin raikkaan sävelen,
mi ilmoissa soi helkkyen;
siell' lauloi ensi leivo
ens aikaa keväimen.

»Sä kevään lemmityinen,
miks etsit Pohjolaa?
On talvi kolkko, hyinen,
niin köyhä meidän maa.
Pois liidä kauas Espanjaan,
vain riemuun rypäleiden maan.
Miss' sydämet ei hyydy,
vaan tuhlaa aarteitaan!»

Mut laulu toivonmailla
soi helein äänin noin:
»Mit' ilo huolta vailla
ja riemu surutoin?
En etsi pöytää uhkeaa,
mi hätää nähdäkään ei saa,
en sydäntä mi hehkuin
ei kaipaa Jumalaa!

Oon toivon ääni herkin
ja ilonairut sen;
ma saavun onnenkerkin
luo raukkain viluisten.
Oi, lienen ääni enkelin,
mi luonnon kirkkain sävelin
tuo kevääntulon viestit
ja talven lähdönkin.

Siks täytyy maista kiitää
mun rikkahista pois,
luo ahdistettuin liitää,
jotk' ymmärtää mua vois.
Vain keille murhe taakat toi,
myös riemuita he oikein voi,
he taitaa Herraa kiittää,
kun hyvyyttään hän soi.

Kun maas on hangen alla
ja osas onneton
taas laulan taivahalla
ma sävelt' auringon.
Niin kiintynyt en Espanjaan,
kuin multaan tämän murheen maan,
mi kärsii – sentään toivoin
ja luottain Jumalaan.»

Ache

KOIVU.
(KUKKAVALTA KERTOO.)

Miten koivut ne suorivat suortuviaan,
kun tuulonen leyhkivi laidassa haan!
Miten lehdet ne henkivät soluin ja syin,
ja väikkyvät, kasteessa kylpeytyin!

Liki lahteas koivu ol' kunnaallaan,
ja sen vartalo hohteli valkoisenaan;
oli hentoinen hius, oli vihreä pää,
niin kaunista koivua koskaan en nää!

Sitä rakastin, siimeen kun lehvin se loi,
ja lintujen laulut kun oksilta soi.
Kevätlaulua koivuni kuunteli maat . . .
»Sata vuotta sa mulle nyt laulaa saat!»

Tuli kylmä sen lehtiä jäytelemään,
pois hengitin hennoilta lehviltä jään.
Kulovalkea raivosi, syöksyen päin,
minä sadetta soin ja sen turvasin näin.

Tuli ukko jo halkoja hakkaamaan, —
minä kirvehen kilpistin kiveen vaan;
tuli akka ja katseli — kerpoja kai —,
mut haavan hän sirpistä sormeensa sai.

Jopa sokea laulaja saapui luo:
»Sulo koivu, sa runkosi kanteleks suo,
ilos silloin sa oikein ilmaista voit,
ja sa maailman parhaana soittona soit!»

Sitä, kättäni nostaen, suojella koin,
mut se lausui: »Nyt riemuiten kaatua voin!»
Maan mainion kantelen laulaja loi:
se nyt maailman parhaana soittona soi!

KARTTAPALLO.

Ken riemuiten ei nuorna sois
laill' linnun lentävänsä pois, —
pois, minne aatos ohjaa!
»Jos siipes, pääsky, saisin vain
niin päivääkään en vilussain
ma katsois kylmää Pohjaa!»

»Mä kiitäisin niin uljain päin
jo seutuun maiden lämpimäin
pois talven tuiskuin tieltä
ja sinne kukkastuoksuihin
ma ruusulinnan laittaisin,
mi piirtäis pilven pieltä!»

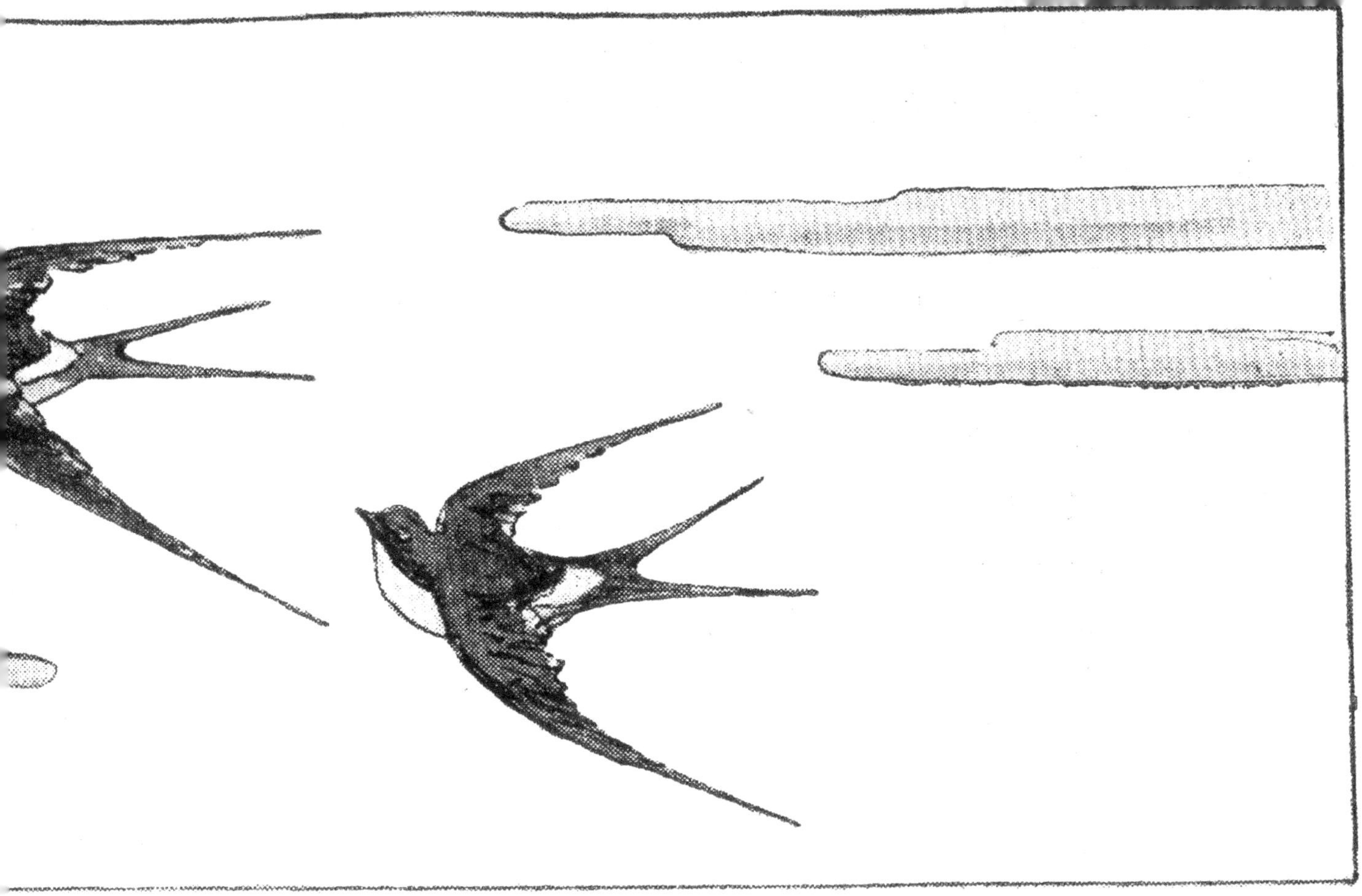

No niin, te pääskyt, lentäkää!
Kas, joka hetki pallo tää
käy penikulmaa sata.
Maapallo suuri tässä on,
sen ympäri nyt vallaton
käy haaveilunne rata.

Niin mahtava ei kuningas,
ei lintukaan niin onnekas, —
te saatte vapaan vallan!
On Suomi pieni nurkka tää,
ja Ruotsi on tuo niemenpää
vain kesken hyyn ja hallan.

Nyt valitkaatte koti uus;
sun tääll' on, Signe kuninkuus,
sun tuolla taasen, Selma.
Te kaunein paikka valitkaa,
tää Ganges-rannan palmumaa,
tai uljas Sulitelma!

No mutta? Tarjoon koko maan, —
ja tähän pikku paikkaan vaan
te jäätte Pohjolaamme?
Nyt saatte siitä suutelon!
Maa laaja kyllä hyvä on,
mut paras oma maamme.

PIENTEN LINTUJEN VALITUS.

Niin kaukaa me saavuimme kotihin
me tulimme paahteesta Egyptin,
mailt' Atlaksen palmuin ja Etnan laavan
ja hehkusta polttavan Samumin.

Me saavuimme mailta auringon,
miss' ainaiset kukkastuoksut on,
miss' silmäs ei hankea koskaan nähnyt,
kevätsäähän tänne niin kolkkohon.

Me vaihdoimme maahan pohjoiseen
kaikk' atriat kultahedelmineen,
kotimaahan, lapsuuskoivujen alle,
halas mielemme nälkään ja kylmyyteen.

Vaikk' emme aarteita tuoneetkaan
tai veroa, kultaa vuokraks maan,
niin suloksi Suomen helkytimme,
sen laaksoissa lauloimme riemuisaan.

Vain oksaa pienintä pyytäen
ja pesään sammalta hiukkasen
me rauhaa anoimme laulaaksemme
valovirrassa aamun auteren.

Mut seudun lapset ne saapui luo,
oli ilman tuntoa lapset nuo,
he pesämme ryösti ja maahan heitti,
ei ainointa turvaa he meille suo!

Kevätlaulumme heille riemuin soi,
— kaikk' onnea, rauhaa unelmoi.
Sitä palkkaa älkööt he koskaan saako,
min laulustamme he meille toi!

Kenties lie leikkiä ollut tää,
mut hurjaa, ja häijyä leikintää.
Suo anteeks, Herra, kun rakkautemme
noin julmasti palkitsi lapset nää!

KULTAKÄRPÄNEN.
(KUKKAVALTA KERTOO.)

Polut muurahaisten sa tuntea voitko?
Lukinverkkoja paikaten loimia loitko?
Sano, näitkö, kun mettinen simaa juo,
tai tunnetko keijujen käräjät nuo?

Siro kärpänen keimaili kultasiipi.
Siron kärpäsen luo ruma paarma hiipi.
»Pois, paarma, ma mettisen ystäväks jään!
»Puri paarma nyt kuoliaaks kärpäsen tään.

Kun kuuvalo välkytti kastetta maassa,
oli käräjät koossa jo keijujen haassa,
ja jo paarman he tuomitsi kuolemaan:
sitä mettinen pisti, ja hyvästi vaan!

Siro kärpänen lehvien alla nyt makaa,
se on haudattu keskelle keijujen hakaa.
Ja nyt sääskien murheinen laulu soi
ja kaste se nurmella itkevi, oi.

KAIKU.

Ja pieni tyttöterttu
on metsän asukas;
kun illoin laulaa kerttu,
hän matkii huutoas.
Ja harso hällä hulmuaa,
ja päässä kruunu kimaltaa,
mut kasvonsa hän aina
vain kätkee vuoren taa.

Miks, metsän tyttö' lymyyt?
Sua milloinkaan ei näy.
Sä kuuntelet ja hymyyt,
ja jälleen kieles käy.
Sa asut luona Lahdenpään,
ja joskus huntus liepeen nään,
mut silmiäs en koskaan,
kun kurkistamaan jään.

Ken olet, tyttö? Lienet
kuninkaanlapsi kait?
Sa paljon kyllä tiennet,
kun et voi olla vait.
Mist' tavan ruman opitkaan,
kun aina tahdot haastaa vaan
ja jankutella sanaa,
min satuit kuulemaan?

On kieli suotu, jotta
Jumalan kiitos sois
ja hyvää sekä totta
se ilmi täällä tois.
Kas, kuinka lintu pieninkin
vain Luojaa kiittää sävelin
ja tunteet sydämensä
livertää ilmoihin.

Kun luonto ympärillä
sen lahjan ymmärtää,
ja myöskin eläimillä
on puhe järkevää,
miks sinä yksin, ystäväin,
jäit kielenpieksäjäksi näin,
miks turhaan käytät kieltäs
vain suotta, tyhjin päin?

En, kaiku pienokainen,
sua moiti kuitenkaan,
mut älä muita vainen
sa saata matkimaan!
Tai muuten sinut ilmaisen;
nääs, pilvi kertoi tarun sen
kun kulki yli vuoren;
on taru tällainen:

Olipa tyttö kerran,
mi haastoi, hupakoi,
ja tuskin hetken verran
hän suunsa suistaa voi.
Hän aamust' iltahämärään
vain räpätteli yhtenään —
mut arvaas kellon ääntä,
kun pääsi kielimään!

Nyt tietkääs, — todentotta! —
prinsessa oli hän
ja heistä luulis, jotta
he tajuis enemmän.
Hän kaikki urkki kautta maan
jos tuhmaa tehtiin, missä vaan
ja kielimään jo juoksi
ja pisti omiaan.

Prinsessa koulutyötään
vain pilkkas, ilkamoi,
ja kieli liikkui myötään,
kuin sukkula se soi.
Vaikk' oli laiska tyttö tää,
niin kruunuahan kantoi pää,
siks niellä sai ja sietää
opettajatar nää.

Nyt haltiatar, näähän,
prinsessan kummi on.
Hän tuumi: tytön päähän
mä pänttään aapiston!
Hui — hai! Ei työtä turhempaa:
kun tyttö suunsa auki saa,
hän pärpättää, kuin yöksi
ei aikois lopettaa.

Mut kuinkas kävi tuosta?
On kummi ankara.
Kun kieli alkoi juosta
ja turhaan porista,
hän tarttui kiinni prinsessaan,
vei tytön kauas kodistaan
ja yli vuorten, maiden
pois kätköön salomaan.

Nyt raukka metsätiellä
on pieni kaiku vain.
Mut suu käy yhä vielä,
ei kieli kulu lain.
Hän yhä haastaa, juoruaa:
jos sanankin hän kuulla saa,
vaikk' ei hän tuota tajuu,
sen ilmi rupattaa.

En sentään, kaiku pieni,
sua hennois moittia.
Ain kisaat eessä tieni
ja ilkut kaukana.
Sa toistat pilven jyrinät
ja linnunlaulut lempeät
ja rannalt' ilohuudot,
kun lapset leikkivät.

Oot luonnon ääni vieno
sä hento lapsonen.
Ah, laulaisitpa, pieno,
sä kaikki tunteet sen!
Jos vapaa kaunis äänes ois
ja luonnon ihanuutta sois,
ei tyhjää sanaa kantain
noin tuuli kiitäis pois!

TUUTILAULU POHJATUULELLE.

Viihdy, hurja lepäämään,
ilman lapsi viihdy!
Isa käyttää myllyään,
älä enää kiihdy!
Äiti panee kuivamaan
puhtoisia vaatteitaan,
ethän temmo, kisko,
hiekkaan niitä visko?

Pikku poika puuhass' on
laittaa padon rantaan;
salli riemu viaton,
älä koske santaan!
Pesään pyrkii pääskynen:
jätä rauhaan pojat sen,
sääsket tanssiin päästä,
niityn kukat säästä!

Laivaa aallot ahdistaa:
älä niin sä pauhaa!
Anna lahden kuvastaa
sinitaivaan rauhaa!
Rantaan luovii kalamies,
ois nyt tarpeen lämmin lies:
päästä hänet tuolta,
muista perheen huolta!

Uljas olet temmeltäin,
louhikoissa jyskyin;
meri riehuu vaahtipäin,
hongat sortuu ryskyin,
kylä syttyy palamaan,
rusko taivaanrantamaan . . .
Mut sa hurmaat, milloin
hiljaa huohut illoin.

Toimitit jo suuren työs,
raitistutit maata;
nyt sa rauhass' uinu yös
retkestäs voit laata!
Leijonasta lammas saa,
pohjatuuli liihoittaa
hiljaa perhon lailla
kevään kukkamailla.

TAIVAAN LAPSET.

Tuo kirkas iltarusko
lie enkelpoika pienoinen.
Kuin perhon punasiivin
hän liitää leijuen.
Ruusuisen vyön
hän illoin yli maiden luo
ja lepoon myrskyn viihtää
ja mieliin rauhaa tuo.

Tuo armas aamurusko
lie enkeltyttö vienoinen.
Jo varhain punavaipan
hän pukee yllehen.
Ruusuisen koin
hän aamuin henkiin herättää
ja pilven kutrit suorii,
kun leyhkii lännen sää.

Nuo taivaan enkellapset,
nuo pienet, kirkkaat, armahat,
he toisiaan niin lempii, mut eroon
joutuivat.
Synkeä yö
luo noiden väliin huntuaan,
ja illan tähdet tuikkii
nyt heidän kodissaan.

Mut kun on kukkasaika,
kun vihreä on koko maa,
yö synkkä huntuns' silloin
jo mereen pudottaa.
Taivaiset nuo
veen partaall' yhtyvät jo noin,
tuo kaunis enkelpoika
ja tyttö aamukoin.

Ache

VIITTEET

Kirjan runot on koottu Z. Topeliuksen Lukemisia lapsille -sarjasta (LL), osat I-VIII, Werner Söderström Osakeyhtiö, 1927–1930:

www.ingramcontent.com/pod-product-compliance
Lightning Source LLC
LaVergne TN
LVHW070612230826
846093LV00014B/522

9789523578166